COMPAGNIE RIANT.

CHEMIN DE FER

DE PARIS A ROUEN, AU HAVRE ET A DIEPPE,

PAR

LA VALLÉE DE LA SEINE.

MÉMOIRE

DE M. ISOARD,

ANCIEN CHEF DE DIVISION AU MINISTÈRE DU COMMERCE.

SIXIÈME PARTIE.

EXAMEN COMPARATIF DES DEUX PROJETS, PASSANT L'UN PAR LA VALLÉE
DE LA SEINE, L'AUTRE PAR GISORS ET LES PLATEAUX.

AVRIL 1837.

CHEMIN DE FER

DE PARIS A ROUEN, AU HAVRE ET A DIEPPE,

PAR

LA VALLÉE DE LA SEINE.

SIXIÈME PARTIE.

EXAMEN COMPARATIF DES DEUX PROJETS, PASSANT, L'UN PAR LA VALLÉE DE LA SEINE, L'AUTRE PAR GISORS ET LES PLATEAUX.

Une grande pensée a germé en France depuis quinze ans, celle d'abréger la distance de Paris à la mer. Et, en effet, partout où l'industrie tend à la prééminence, les métropoles politiques tendent à s'ériger en métropoles commerciales.

Mais cette pensée fut long-temps contrariée dans son accomplissement par les circonstances générales du pays, et par la forme même sous laquelle elle s'était produite.

D'une part, l'agitation politique était trop grande, et présageait trop bien l'imminence d'un grand conflit national, pour que le gouvernement et les particuliers osassent engager leurs capitaux dans une entreprise dont le succès dépendait, avant tout, de la prospérité publique.

De l'autre, un canal maritime ne se présentait pas avec de telles chances de produits qu'on pût en attendre le remboursement de tout l'argent qu'il aurait coûté, et la compensation de tous les déplacemens d'intérêts qu'il aurait fait naître. On se plaisait généralement à l'image de la capitale transformée en port de mer; mais on craignait de payer cher cette satisfaction.

La France paraissait donc indéfiniment condamnée à de stériles vœux

15

pour l'amélioration des rapports entre Paris et le littoral maritime, lorsque la coïncidence d'une grande révolution nationale et d'une grande révolution mécanique est venue mettre en quelque sorte sous sa main la solution du problème.

Au moment même où les événemens de 1830 assuraient à l'industrie une longue période d'influence et de sécurité, l'exemple d'un peuple voisin nous révélait tous les prodiges qu'enfante l'application de la vapeur aux transports par la voie de terre. On ne tarda pas à comprendre que Paris serait beaucoup plus rapproché du Havre par un chemin de fer, qui permettrait de franchir en cinq heures la distance de l'une à l'autre ville, que par un canal, qui demanderait trois jours pour la même communication. Il fallut bien reconnaître que la qualification de port de mer, si long-temps ambitionnée par la capitale, s'entendait beaucoup plus raisonnablement de la faculté de faire arriver dans ses magasins les cargaisons des navires, que du plaisir de voir arriver les navires eux-mêmes sur ses quais. Mais on demeura plus particulièrement frappé de cette considération, que la multiplicité des centres d'industrie que pourrait traverser un tel chemin de fer, lui assurerait des bénéfices capables d'attirer les capitaux nécessaires à l'entreprise, et donnerait ainsi la garantie d'une prochaine exécution.

Ces vérités une fois admises, les intelligences se mirent à l'œuvre. L'honneur de concevoir et d'étudier un premier tracé échut à une entreprise particulière. L'Administration qu'animait le désir et l'espérance de mieux faire, ordonna, de son côté, des études. C'est à cette louable émulation des hommes publics et des hommes privés que le pays est aujourd'hui redevable d'avoir le choix entre deux projets, et de pouvoir compter sur la réalisation de l'un ou de l'autre, aussitôt que les Chambres auront prononcé sur leur mérite relatif.

L'un de ces projets suit le cours de la Seine, dont il ne s'écarte que sur quatre points, pour couper ses grandes sinuosités; il traverse *Poissy*, *Mantes*, *Vernon*, *Pont-de-l'Arche* et *Rouen*; c'est celui de la Compagnie.

L'autre passe par les vallées de l'Oise, de l'Epte et de l'Andelle, en montant sur les plateaux qui séparent ces vallées; il traverse *Saint-Denis*, *Pontoise* et *Gisors* : c'est celui de l'Administration.

L'énoncé de ces deux directions montre tout d'abord qu'il n'y a pas seulement à vider entre elles une question d'art, mais encore, et surtout, une question économique. Il faut sans doute rechercher lequel, de l'ingénieur de la Compagnie ou de l'ingénieur de l'Administration, a le plus heureusement résolu les difficultés de la ligne qu'il s'était proposée. Mais il importe avant tout de savoir laquelle des deux lignes, d'en haut ou d'en bas, offre le plus d'occasions de transports, et laquelle des deux masses de population offre le plus de chances d'un grand développement d'industrie.

Or, de ces deux branches de la discussion qui va s'engager devant les Chambres, la première, celle qui a trait à la construction proprement dite, a été longuement élaborée par le conseil-général des ponts-et-chaussées; et il résulte jusqu'à l'évidence des documens produits contradictoirement dans le cours de cet examen, que le tracé de la Compagnie l'emporte sur celui de l'Administration sous le triple rapport de la célérité du parcours, de la facilité d'exécution, et de la dépense.

Il l'emporte pour la célérité du parcours; car dans le rapprochement des locomotions respectives, il obtient un avantage de 30 o/o pour le trajet de Paris à Rouen; de 44 p. o/o pour celui de Paris à Louviers; de 18 p. o/o pour celui de Paris à Elbeuf; de 7 1/2 p. o/o pour celui de Paris au Havre; de 14 p. o/o pour celui de Rouen à Dieppe; de 40 p. o/o pour celui de Paris à Rouen et Dieppe avec retour de Dieppe à Rouen : et s'il est vrai que pour le trajet de Paris à Dieppe, il éprouve une infériorité de 40 p. o/o, il ne l'est pas moins que ce trajet est le moins important de tous ceux qui viennent d'être énoncés, vu le peu de commerce qui se fait à Dieppe, et la minimité des transports qui s'effectuent directement entre cette ville et Paris.

Il l'emporte, en second lieu, pour la facilité de l'exécution : car, si dans l'ensemble de ses grands ouvrages d'art il y a un pont de plus à construire que dans l'ensemble des grands ouvrages d'art du projet rival, celui-ci offre une différence en plus de 12,230 mètres de souterrains à percer, et de 37 viaducs à élever; viaducs dont la hauteur moyenne est de 21 mètres 65, et la longueur moyenne de 9,110 mètres.

Enfin, il l'emporte également sous le rapport de la dépense : car les devis ont été rigoureusement établis de part et d'autre; et la comparaison de ces devis offre en sa faveur une économie de 20,258,470 francs.

Mais de ce que la supériorité lui est acquise, en tout ce qui concerne les conditions matérielles de l'entreprise, nous ne nous hâterons pas de conclure que la préférence lui est due. Et, en effet, que reviendrait-il au pays de la plus grande célérité de ses convois, si, la plupart du temps, ses convois devaient marcher à vide? Que deviendrait, d'un autre côté, l'avantage d'une construction moins coûteuse, s'il devait être acheté par le choix d'une direction incompatible avec de bons produits?

C'est donc dans la question économique, c'est-à-dire, dans l'état industriel et commercial des localités traversées par les deux projets, que résident les principaux élémens d'une bonne détermination : c'est cette question qui intéresse réellement le pays : car il s'agit bien moins ici de satisfaire la vanité nationale par la production d'un bel ouvrage d'art, que de créer une surexcitation puissante en faveur du travail et des échanges. C'est aussi de la même question que dépend, en dernière analyse, la possibilité d'exécuter et d'exploiter l'entreprise : car, encore une fois, les capitaux n'arriveront qu'avec la certitude des bénéfices, et les bénéfices manqueraient infailliblement là où viendraient à manquer les occasions de transports.

Cela posé, et le meilleur chemin de fer de Paris à la mer étant celui qui, en le supposant d'une exécution facile, promettra le plus de produits à l'entreprise, et le plus de moyens d'enrichissement pour le pays, les deux directions, d'en haut et d'en bas, doivent être soigneusement étudiées dans leurs probalités respectives de circulations. Et nécessairement une telle étude devra faire la part du présent et la part de l'avenir : c'est-à-dire, qu'il convient de rechercher d'abord sur quelles sommes de transports, en voyageurs et en marchandises, chacune des deux lignes pourra compter pour le moment même où elle sera livrée au public, et ensuite dans quelle proportion ces circulations respectives sont susceptibles de s'accroître ultérieurement, par le fait et sous l'influence d'une communication plus rapide, plus régulière, et à meilleur marché.

Or, pour l'appréciation des transports dont chaque tracé pourrait prendre immédiatement possession, il ne saurait y avoir un meilleur point de départ que le relevé de ceux qui s'effectuent aujourd'hui entre les villes situées sur l'une et l'autre direction.

Quant aux chances d'accroissement pour l'avenir, il est évident qu'elles seront meilleures de part ou d'autre, selon que les populations y seront plus nombreuses, plus agglomérées, plus industrielles.

On comprend enfin que de grands avantages actuels et futurs seront acquis d'avance à celui des deux chemins dont les points de départ et d'arrivée seront le mieux appropriés à la commodité des voyageurs et des marchandises, et qui communiquera par des embranchemens plus courts et plus faciles avec les centres d'industrie placés en dehors des deux parcours.

Ainsi donc, *circulations*, *populations*, *différences de tracé*, telles sont les trois têtes de chapitre que nous allons essayer de remplir : nous le ferons à l'aide de documens émanés des préfectures et des mairies ; leur authenticité défie à l'avance toute espèce de contestation.

CIRCULATIONS.

Le projet de l'Administration, dit *des plateaux*, va directement de Paris à Dieppe, en passant par Saint-Denis, Pontoise et Gisors : il a des embranchemens sur Rouen, sur Louviers et Elbeuf, et sur le Havre.

Le projet de la compagnie, dit de *la vallée*, se dirige, sans discontinuité, jusques dans la vallée de Deville, au-delà de Rouen ; et là il se divise, également sans discontinuité, en deux branches, dont l'une court sur le Havre et l'autre sur Dieppe. Il traverse Poissy, Meulan, Mantes, Vernon, les Andelys et Rouen. Il dessert Pontoise par un embranchement qui n'allonge que de cinq minutes son parcours entre cette ville et Paris, relativement au projet de Gisors. Il a également des embranchemens sur Elbeuf, Louviers et Evreux.

Afin de simplifier le rapprochement des circulations qui ont lieu sur ces deux lignes, nous commencerons par en élaguer les quantités égales. Ainsi nous ne tiendrons pas compte des transports d'hommes et de choses entre Paris et le Havre, parce que les deux projets desserviraient cette distance à des conditions à peu près semblables. Nous ferons également abstraction, et par le même motif, des transports entre Pontoise et Paris.

En second lieu, pour être juste envers le projet *des plateaux*, et en

ayant égard à la plus grande brièveté de parcours qu'il présente entre Paris et Dieppe, nous porterons à son compte la totalité des relations qui ont lieu directement entre ces deux villes. Mais, pour ne pas être moins juste envers le projet de *la vallée*, nous ferons figurer à son profit la totalité des relations dans cette vallée, à partir de Paris jusqu'à Rouen. Nous lui attribuerons également la totalité des relations de Louviers, d'Elbeuf et d'Evreux, parce que les embranchemens qui le conduisent à ces trois centres d'industrie, ont à peine le quart du parcours de ceux qui réuniraient les mêmes points au projet des *plateaux* ; ces derniers embranchemens d'ailleurs offrent de telles difficultés d'exécution, que leur réalisation serait, en tout état de cause, fort problématique.

Les termes de la comparaison ainsi établis, il ne reste plus qu'à poser les chiffres : nous commencerons par la ligne des *plateaux*.

La distance de Dieppe à Pontoise, qui est le point où commencent nos calculs de comparaison, à partir de Paris, ne renferme que deux villes de quelqu'importance, Dieppe d'abord, et ensuite Gisors. Dieppe, qui a seize mille huit cent-vingt habitans, n'a que deux voitures, l'une pour l'aller, l'autre pour le retour, faisant le service de ses voyageurs sur Paris. Gisors, qui ne compte que 3,564 habitans, possède quatre voitures, deux allant et deux revenant, pour effectuer le même service ; ce qui prouve, pour le dire en passant, que l'importance des transports en général dépend beaucoup moins du nombre des populations, que de la manière dont elles se composent. Quoi qu'il en soit, la masse de voyageurs que ces deux villes réunies envoient à Paris ou en reçoivent, a été facile à calculer d'après le relevé des voitures publiques : il se trouve être de 120 par jour ; ce qui donne par année 43,200.

Dans ce nombre ne sont pas compris les Anglais qui prennent la route de Dieppe pour venir de leur pays et pour y retourner. Or il résulte des registres de la police à Dieppe, que la moyenne de ces voyageurs est par année de 4,937, dont les deux tiers passent par la ville de Rouen : il n'en reste donc pour la voie directe sur Paris que le tiers, ou 1979.

Ne sont pas compris non plus dans le dénombrement qui précède, les voyageurs qu'appelle habituellement à Dieppe la saison des bains. La moyenne de ces voyageurs est de 5,000 par mois, pendant trois mois, ce qui donne annuellement, pour l'aller et le retour, 30,000 personnes. Mais ces baigneurs, pas plus que les Anglais, ne prennent pas tous, à beaucoup près, la voie directe. Il y en a les trois cinquièmes, ou 18,000 qui se dirigent par Rouen, ce qui n'en laisse pour la route de Gisors que les deux cinquièmes, ou 12,000.

Ainsi voyageurs habituels, entre Dieppe et Gisors d'une part,
et Paris de l'autre, ci.................................... 43,200
Anglais passant par Gisors......................... 1,979
Baigneurs passant par la même route................ 12,000

En tout........................ 57,179

Voilà pour le transport des personnes.

Quant aux marchandises, il faut tenir compte
1° De celles qui s'expédient entre Dieppe et Paris, en passant par Gisors : elles s'élèvent annuellement à....... 14,125 ton.

2° De celles qui circulent entre Dieppe et Gisors, et qui proviennent de la vallée d'Arques, des grand et petit Torcy, de Bellencombre, Saint-Saens, Buchay, Crevon, Blainville; elles s'élèvent annuellement à.................... 18,000

3° De celles expédiées de Gisors sur Paris, et réciproquement, ci....................................... 35,000

4° Les huîtres et de la marée fraîche, que nous n'avons pas comprises parmi les expéditions entre Dieppe et Paris, ci. 7,500

Total.................... 74,625 ton.

Ainsi le projet des *plateaux* se présente dans le rapprochement que nous poursuivons, avec une masse de 57,179 voyageurs, et avec une masse en marchandises de 74,625 tonneaux.

Passons au projet de la vallée.

On se rappelle qu'à partir de Paris (et en laissant de côté les relations de cette ville avec Pontoise), ce chemin dessert Poissy, Meulan, Mantes, Vernon, les Andelys, Louviers, Évreux, Elbœuf et Rouen.

Or des renseignemens établis de la même manière, et puisés aux mêmes sources que ceux dont nous avons fait usage pour l'autre tracé, donnent les résultats suivans pour les circulations afférentes à chacune de ces villes.

Poissy expédie sur Paris et en reçoit, en voyageurs.................................... 43,200

En marchandises.........................   46,000 ton.

Meulan a sur Paris un mouvement en voyageurs de.................................... 7,200

En marchandises, de....................   4,300

Mantes a sur Paris un mouvement en voyageurs de.................................... 14,400

Sur Rouen, en voyageurs................ 5,760

Sur Poissy, en voyageurs..... 18,000

Plus sur ces trois villes un mouvement en marchandises de.........................   70,000

Vernon a sur Paris un mouvement en voyageurs de.................................... 4,320

Plus sur Mantes, en voyageurs............ 14,400

Plus sur Poissy, en voyageurs............. 10,800

Plus sur ces trois villes un mouvement en marchandises de............................   20,000

Les Andelys ont sur Paris un mouvement en voyageurs de............................ 5,760

En marchandises........................   4,500

Plus sur Mantes et Vernon un mouvement en voyageurs de............................ 7,200

Louviers a sur Paris un mouvement en voyageurs de.................................... 10,800

En marchandises........................   15,000

Plus sur Évreux un mouvement en voyageurs de.................................... 8,640

En marchandises.   9,000

Évreux a sur Paris un mouvement en voyageurs de. 43,200

A reporter. . . 193,680   168,800

Report. . .	193,680	168,800
En marchandises		25,000

Plus sur Vernon un mouvement en marchandises de   20,600

Plus en bétail un mouvement de, ...   10,000

Elbœuf a sur Paris un mouvement en voyageurs de.   12,060

En marchandises   18,825

Et sur Louviers un mouvement en voyageurs de.   14,400

Enfin, en ce qui concerne *Rouen*, on se rappelle que nous avons renoncé à faire entrer dans le présent rapprochement les relations de cette ville avec la mer : et nous renonçons de même, pour le moment, à faire état de ses relations avec Paris et chacune des huit villes que nous venons de signaler, par le motif qu'il ne nous plaît pas de publier nos renseignemens acquis au-delà de ce qu'exigent les nécessités de la démonstration que nous avons entreprise; par le motif, en un mot, que tout ce qui précède a suffisamment complété cette démonstration.

Et, en effet, les totaux des chiffres que nous venons de poser, pour la seule portion du tracé de la compagnie qui s'étend de Poissy à Elbeuf, donnent, en voyageurs le nombre de.   220,140

Et en marchandises une masse de.   243,225

Or, nous avons vu que le tracé des *plateaux* n'offre pour la totalité de son parcours que, voyageurs.   57,179

Et marchandises. . . . . . , ...   74,625

D'où résulte pour le tracé de la *vallée* un avantage en voyageurs de.   162,961

Et en marchandises, de. . . . .   168,600 ton.

C'est-à-dire, pour les deux branches de transport réunies, un avantage de 5 op. 100.

16

Maintenant le projet des *plateaux* aurait-il quelque grief à présenter sur la manière dont nous avons composé les termes de cette soustraction ? c'est ce que nous allons voir.

Le projet des *plateaux* ne se plaindra pas sans doute de ce que nous avons éliminé des circulations respectives la ville de Rouen : car la ville de Rouen, que le tracé de la *vallée* traverse sans solution de continuité, appartient, à bien autre titre à ce dernier tracé qu'à celui de Gisors, qui s'en éloigne de cinq lieues, et ne communique avec elle que par un embranchement dont nous aurons plus tard l'occasion de signaler les défectuosités. Or les relations de Rouen avec Paris et avec la vallée de la Seine ont une importance sur laquelle il serait inutile de s'étendre, et dont nous ne croirions parler que très-modestement, en disant qu'elles transformeront en un avantage de 100 p. 100 celui de 50 p. 100, qu'assurent au projet de la compagnie les autres parties de son parcours. Ce n'est donc pas sur ce point que porteraient les reproches adressés à nos calculs.

Ces reproches s'adresseraient-ils avec plus de bonheur à la distraction, que nous avons opérée pour les deux lignes, des transports qui s'effectuent aujourd'hui entre Paris et le Havre ? Il faut remarquer ici que dans cette branche des circulations, une part assez notable doit être faite à celles qui se font intermédiairement entre le Havre et Rouen. Or, laquelle des deux voies proposées établirait-elle entre ces deux villes une meilleure communication ? Serait-ce celle de la vallée, qui (ainsi que nous le montrerons en parlant des différences de tracé) charge à Rouen les voyageurs et les marchandises sur le port même pour les conduire sur le port du Havre au niveau même du sol ? Ou bien serait-ce celle des plateaux, qui part de Rouen à une demi-lieue du port, qui arrive au Havre à une élévation de 8 mètres 50 centimètres au-dessus du sol, et qui, par les transports et mains-d'œuvre que cette double imperfection imposerait aux marchandises, occasionnerait au commerce une surcharge de 4 francs 60 centimes par tonneau ? Évidemment toutes les marchandises prendraient la voie de la *vallée* qui leur épargnerait cette dépense. Évidemment, encore, les voyageurs lui donneraient la préférence, pour éviter les retards et la fatigue d'une demi-lieue de trajet pour atteindre du centre de la ville de Rouen au chemin de fer, et *vice versâ*. Si, donc, nous avions englobé dans nos calculs les circulations entre le Havre et Paris, nous aurions dû porter au compte de la *vallée* la totalité de ce qui se transporte entre le Havre et Rouen ; Et , certes, le desavantage des *plateaux* n'en eût été que plus considérable et plus flagrant.

Ce ne serait pas enfin avec plus de fondement qu'on nous demanderait de réintégrer dans notre supputation les circulations entre Pontoise et Paris. Ce n'est pas que ces circulations ne soient très-dignes d'attention, car elles ne s'élèvent à rien moins qu'à 72,000 voyageurs et à 120,000 tonneaux de marchandises. Et l'on comprend très-bien l'importance que le projet des *plateaux* attacherait à de tels chiffres, lui qui dans tout le reste de son parcours ne présente que 57,179 voyageurs et 74,625 tonneaux de marchandises. Mais d'abord, il tombe sous le sens que si nous créditions son compte de ces circulations, il faudrait en créditer également celui du projet de la *vallée* ; ce qui ne changerait rien aux résultats de la comparaison. Et ensuite nous ne voyons pas quel intérêt pourrait avoir le projet des *plateaux* à faire ressortir cette vérité qui n'est pour lui que trop réelle, à savoir, que les circulations de toute nature sont beaucoup plus fortes entre Pontoise et Paris, distance dont le trajet se fera pour 1 fr. 50 c. par personne, qu'entre Pontoise et Dieppe, distance pour laquelle on demandera plus de 10 francs au voyageur. Ne pourrait-on pas se demander, en présence d'un tel fait, comment on a pu avoir la pensée de créer un chemin de fer de 171,000 mètres de longueur, dans le but principal d'un service dont les produits sont si disproportionnés avec la dépense de construction et les frais d'exploitation et d'entretien?

Nous venons de montrer sur laquelle des deux directions, des *plateaux* ou de la *vallée*, le chemin de fer projeté rencontrerait une plus forte masse de circulations déjà établies : recherchons maintenant de quel côté il trouverait le plus d'élémens pour la création de circulations nouvelles.

POPULATIONS.

Une première règle que nous adoptons dans le dénombrement des populations respectives, est de ne tenir compte que de celles qui se trouvent rigoureusement desservies par chaque tracé; c'est-à-dire, de ne pas avoir égard aux populations voisines, quelque probabilité qu'il puisse y avoir que ces populations viendraient participer aux avantages de la voie nouvelle, et contribueraient par conséquent à en accroître les produits. Cette méthode est évidemment défavorable à celui des deux projets qui parcourt la portion de territoire la plus peuplée, c'est assez dire qu'elle est défavorable à la direction de la *vallée*.

Nous croyons devoir, en second lieu, ne pas comprendre dans le dénombrement de chaque ligne les populations qui se trouvent traversées par le projet opposé, et que cependant elle pourrait desservir par des embranchemens, dans le cas où ce projet opposé ne se réaliserait pas. Ainsi la population de Gisors ne figurera pas au compte du projet de la Compagnie, bien que ce projet comprenne un embranchement sur Gisors. De même, et bien que le projet de l'Administration ait des embranchemens sur Louviers, Elbeuf et Evreux, ces trois villes ne lui seront pas imputées. Car ces derniers embranchemens projetés par l'Administration, tout comme celui de Gisors projeté par la Compagnie, s'écarteraient tellement de leur ligne principale, et auraient un tel développement, qu'ils ne pourraient être considérés autrement que comme de véritables chemins de fer, distincts et indépendants de la voie de Paris à la mer.

La ville de Rouen, néanmoins, est si importante, et il serait si déraisonnable de l'exclure de toute combinaison tendant à rapprocher l'intérieur de la France de son littoral sur la Manche, que nous n'hésiterons pas, malgré le principe qui vient d'être posé, à l'attribuer à l'un comme à l'autre projet, bien que celui du gouvernement ne l'atteigne que par un assez mauvais embranchement.

Nous n'hésiterons pas davantage à porter la ville de Pontoise sur les deux relevés de population ; car si le tracé de la Compagnie n'y arrive que par un embranchement, cet embranchement, ainsi que nous l'avons déjà dit, n'augmente le parcours entre cette ville et Paris que de cinq minutes.

Toutes ces choses bien entendues, voici quelle est, pour chacune des deux lignes, la série des communes desservies par elle, et quelle est la population de ces communes :

1° Pour la ligne de Gisors et des plateaux, en partant de Paris :

	Habitans.
Saint-Denis.	9,686
Ermont.	580
Col de Pierrelaye.	890
Saint-Ouen l'Aumone.	1,585
Pontoise	5,408
Bas Boissy.	1,100
Chars.	1,155
Saint-Martin du Tertre.	784
Saint-Gratien.	487
Gisors	3,364
Provemont	113
Etrepagny	1,516
Doudeauville.	289
Lisors.	526
La Londe.	66
Puchay.	854
Charleval.	1,013
Vascœuil	287
Ry	452
Blainville Crevon.	791
La Pommeraye Prevau	300
Dieppe.	16,850

Rouen et ses alentours.	Darnetal	5,979	110,000
	Canteleu	3,591	
	Saint-Aignan	2,116	
	Grand et petit Couronne.	2,675	
	Grand et petit Quevilly.	3,556	
	Rouen	92,083	

Total.	158,096

2° Pour la ligne de la vallée en partant de Paris :

Les Batignoles.	15,666
Clichy	3,600
Asnières.	708
A reporter.	19,974

Report. . .		19,974
Colombes		1,554
Argenteuil.		4,536
Houilles.		1,191
Maisons		1,087
Poissy		2,880
Pontoise		7,869
Meulan		1,941
Medan.		206
Verneuil.		545
Chapet.		433
Bouafle.		1,096
Flins.		941
Aubergenville		495
Epônes		890
Mézières		986
Mantes		3,818
Rosny.		682
Rolleboise.		414
Bonnières		755
Jeufosse.		364
Portvillez		189
Vernon et Vernonet.		5,301

Andelys.	{ Bernières. . . . . 190 { Grands et petits Andelys . . . . . 5,085 }	5,275

Louviers		9,927

Evreux.	{ les planches. . . . . 143 { Evreux . . . . 10,287 }	10,430

Elbeuf		13,366
Saint-Pierre d'Autils		881
Saint-Pierre la Garenne.		501
Gaillon.		1,143
Venables.		827
Heudbouville		700
A reporter. . .		101,197

			Report. . .	101,197
Saint-Etienne de Vauvray.				463
N. D. de Vaudreuil.				927
Lery				1,018
Les Damps.				300
Pont de l'Arche.				1,674
Criquebœuf sur Seine.				1,634
Oissel et Orival.				4,808
Sotteville-lès-Rouen.				3,926

	Rouen.	92,083	
	Darnétal	5,979	
Rouen et ses	Canteleu.	3,591	
alentours.	Saint-Aignan	2,116	110,000
	Grand et petit Couronne.	2,675	
	Grand et petit Quevilly. .	3,556	

Total. 225,947

Ainsi la masse des populations traversées par le
projet de la vallée étant de . . . .   225,947 habitans.
et la masse des populations desservies par le pro-
jet des plateaux n'étant que de.   158,096

Le premier de ces projets a sur le second l'avan-
tage d'une population de . . . .   67,851 âmes.

Mais cet avantage du nombre, quelqu'influence qu'il dût naturellement
exercer sur l'avenir des deux chemins, n'est pas à beaucoup près, selon
nous, le plus décisif de ceux que les tableaux précédens font ressortir en
sa faveur.

Pour quiconque a entendu parler de la Normandie, et surtout pour
quiconque l'a parcourue, les noms des communes qui figurent sur ces tableaux, sont bien plus significatifs que les chiffres inscrits à leur suite.

Sur la ligne des *plateaux*, à l'exception des quelques fabriques de Gisors, dont la médiocrité se révèle par la faible population de cette ville;
à l'exception de celles que plusieurs chutes d'eau ont attirées dans la val-

lée de l'Andelle ; à l'exception enfin du petit nombre d'industries clair-semées à Charleval, la totalité des communes est absolument livrée à l'agriculture : c'est-à-dire, pour parler plus catégoriquement, que sur les 158,000 habitans qui rencontreraient le chemin de fer, les neuf dixièmes sont agriculteurs. Et remarquez que dans ces 158,000 habitans figure la population de Rouen et de ses alentours ; et que si nous la retranchions, la proportion des habitans industriels resterait tout à fait insignifiante.

Sur la ligne de la *vallée*, au contraire, l'industrie manufacturière occupe à elle seule les deux tiers de la population. Et comment en serait-il autrement, lorsqu'elle présente des agglomérations de fabriques telles que celles dont les mots de Poissy, Louviers, Elbeuf, Rouen réveillent le souvenir ; lorsque dans les intervalles de ces villes, les bords du fleuve sont couverts d'usines, dont le fleuve lui-même a facilité la formation et facilite l'exploitation, en leur donnant un moteur naturel, et en leur apportant des matériaux ?

Or l'agriculture n'engendre ni le goût ni le besoin des voyages : elle n'occasionne pas d'autres transports que ceux des produits du sol : et il a été calculé que sur la direction des *plateaux*, les deux tiers de ces produits restent sur les lieux pour les consommations locales et pour les semences, un tiers seulement étant dirigé sur Rouen ou sur Pontoise. De quel accroissement, au contraire, ne sont pas susceptibles les transports personnels et matériels sur un territoire manufacturier, lorsqu'ils s'y trouvent provoqués par des moyens de communications rapides, fréquens, réguliers, économiques ; lorsque surtout ce territoire manufacturier est traversé par un fleuve qui fournit des chûtes d'eau, qui transporte les matériaux de construction, et fournit ainsi les moyens de former les nouveaux établissemens dont l'amélioration des échanges aura fait naître le besoin ?

Qu'on essaie maintenant de nous montrer sur les *plateaux* quelque chose d'équivalent à cette réaction si propice d'un chemin de fer qui pousse à la fabrication, et d'une rivière qui aide à élever et à faire marcher des fabriques. Supposons, pour un moment, qu'en traversant ces populations d'en haut, le rail-way leur soufflât, pour ainsi dire, l'esprit d'industrie, et leur donnât intérêt à quitter la charrue pour la navette et le marteau, comment auraient-elles des pierres, du plâtre et du bois, pour bâtir leurs ateliers ? et où trouveraient-elles un moteur, pour activer leurs machines ?

Vous dites que le chemin de fer par Gisors leur tiendrait lieu de celui dont nous voulons doter la vallée. A la bonne heure! mais leur tiendrait-il lieu également de la rivière? En d'autres termes, leur rendrait-il les services que la rivière rend aux populations d'en bas? Vous le voyez bien; si, par une ambition très-louable, mais passablement téméraire par le temps qui court, vous vouliez, à toute force, improviser sur ces *plateaux* un développement de travail manufacturier, analogue à celui qui enrichit la *vallée*, vous n'accompliriez que la moitié de votre œuvre, en y faisant monter un rail-way; il vous faudrait, en même temps, y faire monter la Seine.

Il nous reste à examiner jusqu'à quel point tous ces élémens de supériorité, que réunit le projet de la vallée, peuvent être favorisés par les vices de construction du projet rival.

DIFFÉRENCES DE TRACÉ.

Considérée sous le point de vue économique et commercial, la construction du chemin des *plateaux* est surtout reprochable :

1° Par la manière dont il arrive à Rouen, à Dieppe et au Havre;

2° Par la communication qu'il prétend établir avec Louviers, Elbeuf, et Evreux.

Son arrivée à Rouen s'arrête à un quart de lieue du boulevart Beauvoisine, et à une demi-lieue du port; et elle n'a lieu qu'à l'aide d'un plan incliné de 575 mètres de longueur, sur 17 mètres d'élévation. Son arrivée au Havre a lieu à une élévation de 8 mètres 50 centimètres au-dessus du sol. Il ne parvient également à Dieppe qu'à l'aide d'un exhaussement de 7 mètres. Or, des frais seront occasionnés à Rouen par la nécessité de transporter les marchandises du port au chemin de fer, et réciproquement; et ils ne s'élèveront pas à moins de 4 fr. par 1000 kilogrammes. D'autres frais devront être supportés au Havre et à Dieppe, pour élever les marchandises sur le rail-way, et les en faire descendre; on peut les évaluer à 60 centimes par tonneau.

Le chemin de la vallée ne présente aucune imperfection de ce genre. Son origine, au Havre et à Dieppe, est placée presqu'au niveau du sol. A Rouen, il prend et dépose les voyageurs à St-Sever; et il prend et dépose

17

les marchandises sur le port de la rive gauche de la rivière. De plus, pour la plus grande commodité des départs et des arrivées sur les points éloignés du port, il tourne sans discontinuité autour de la ville, traverse la Seine au-dessus du Pont-Neuf, et se dirige par les vallées de Deville et de Maromme, sur le Havre. On voit que, par ce tracé naturel et simple, et où aucun ouvrage d'art extraordinaire n'a été employé, la ville de Rouen opère la liaison la plus heureuse entre celles de Dieppe, le Havre, Yvetot et Bolbec, d'une part ; et de l'autre, celles de Louviers, Elbeuf et Evreux.

Quant à l'embranchement destiné à joindre la ligne de Gisors avec Elbeuf et Louviers, son étendue ne serait pas moindre de 52,000 mètres. Or, où trouvera-t-on une compagnie qui ose entreprendre une telle dépense, dont elle ne pourrait espérer le remboursement que dans les transports spéciaux de ces deux villes? Cet embranchement, qui se détacherait de la ligne principale, à Charleval, ferait d'ailleurs double emploi avec celui qui va de Blainville à Rouen. Et, notez qu'il y aurait entre les extrémités de ces deux lignes à Rouen, une discontinuité d'une demi-lieue : d'où la conséquence que Louviers et Elbeuf seraient privées d'une communication directe avec le Havre, Yvetot, Bolbec et toute la basse Seine ; c'est-à-dire, que leurs expéditions ne pourraient pas avoir lieu sans rompre charge. On vient de voir que, dans le système du tracé de la *vallée*, aucun de ces inconvéniens n'est à craindre, ou plutôt que tous les avantages contraires s'y trouvent réunis.

Mais à ces vices de tracé que, dans l'intérêt du commerce, nous imputons au projet de l'administration, ne pourrait-on pas opposer des défectuosités de même nature que présenterait celui de la compagnie? Le passage de Pontoise, par exemple, ne pourrait-il pas donner matière à une telle récrimination ?

Il est de fait que le parcours entre Paris et Pontoise est plus long par le chemin de la *vallée* que par celui des *plateaux*. Mais il faut ajouter tout de suite que cette plus grande longueur n'est que de 2,985 mètres, dont le trajet se fera, comme on l'a dit, en cinq minutes. Et quelqu'importance qu'on veuille attacher à cette ligne, en raison des approvisionnemens que Pontoise fournit à la capitale, on ne nous fera jamais comprendre qu'un retard de cinq minutes soit digne de quelque considération. Nous le comprendrions d'autant moins, que cet inconvénient, si c'en est un, trouvera une large compensation dans l'économie du prix que présentera le tarif de la Compagnie : et cette économie est facile à expliquer, pour peu qu'on veuille bien se rappeler la part immense que les circulations entre Paris et Pontoise prennent dans les circulations de la ligne entière de Gisors. On a vu que cette faible distance devra payer, à elle seule, la plus grande portion de la construction et de l'entretien des 171,000 mètres de chemin de fer : n'en résultera-t-il pas que les tarifs de cette distance devront atteindre à une élévation dont pourra se passer l'autre projet, placé dans des conditions plus heureuses ?

En dernière analyse, le chemin de Gisors est économiquement et financièrement impraticable : car son entreprise, s'il venait à être exécuté, se trouverait dans l'alternative de hausser ses tarifs, dans une proportion qui annullerait les produits, ou de les abaisser à des taux qui, dans aucun cas, n'amèneraient le remboursement du capital.

Cette conclusion découle jusqu'à l'évidence de l'infériorité des circulations en hommes et en marchandises qui s'opèrent aujourd'hui sur sa direction, de l'infériorité numérique et industrielle des populations qu'il traverse, enfin de l'infériorité des facilités qu'il offre au commerce pour l'arrivage des marchandises à Rouen, au Havre et à Dieppe, et pour l'établissement de relations nouvelles entre la haute et la basse Seine.

Si maintenant nous nous rappelons que ce même chemin de Gisors coûterait vingt millions de plus à construire, qu'il ne pourrait s'établir qu'à grands renforts d'ouvrages d'art, qu'il donnerait sur toutes ses distances, excepté celle de Paris à Dieppe, une moindre célérité de 7 à 44 p. 0/0, qu'il est enfin aussi défectueux dans son exécution que dans sa pensée, nous cherchons en vain par où il lui serait possible de l'emporter sur le chemin de la *vallée*.

Se prévaudrait-on, par hasard, de ce que le but principal de l'entreprise étant de lier Paris à la mer par des transports plus rapides, la préférence lui est acquise pour ce seul fait qu'il mettrait une heure de moins pour aller à Dieppe ? Nous répondrions que, commercialement parlant, Dieppe n'est pas la mer, en d'autres termes, que Dieppe ne saurait être de long-temps un port susceptible d'influer sur le mouvement des affaires, quelqu'accélération que l'on imprime à ses expéditions sur l'intérieur.

L'argument pourrait être spécieux, si, par hasard, il s'appliquait au Havre qu'à bon droit on peut considérer comme l'annexe maritime du marché parisien. Mais nous avons vu que, pour le trajet de Paris au Havre, c'est le chemin de la *vallée* qui a l'avantage de la célérité, et qu'il l'a dans la proportion de 7 1/2 pour cent.

Nous avons aussi entendu dire que le chemin de Gisors serait plus favorable que l'autre au commerce de transit, en raison de la liaison qu'il pourrait établir, par Beauvais, avec le chemin de fer de Paris à Bruxelles. L'assertion est parfaitement exacte, si l'on veut parler d'un transit qui aurait pour objet d'approvisionner en denrées coloniales la Belgique et la Hollande : mais nous avions cru jusqu'ici que la Hollande et la Belgique pourraient recevoir ces denrées à bien meilleur compte par leurs propres ports. Nous avions pensé que le véritable transit auquel le Havre soit intéressé, est celui qui fournit aux besoins de l'Allemagne centrale et de la Suisse ; or, les expéditions de ce genre gagneraient beaucoup, sans doute, à l'établissement d'un rail-way du Havre à Paris, et d'un rail-way de Paris à Strasbourg : mais nous ne voyons pas ce qu'elles auraient à faire avec la ligne de Bruxelles.

On a cru, enfin, singulièrement atténuer les espérances de circulations par le chemin de la *vallée*, en parlant de la concurrence qu'il trouverait dans la navigation de la Seine. A cela, il y a trois réponses : la première, c'est qu'il n'y a une bonne navigation sur la Seine que pendant 185 jours de l'année ; la seconde, c'est que, sur cette voie, les transports sont plus considérables à la remonte qu'à la descente, et qu'ils se composent principalement de sucres, cafés, cotons, liquides, toutes denrées dont la spéculation demande le plus souvent un arrivage aussi rapide que possible. Notre troisième réponse, enfin (et elle est péremptoire), se tire de ce que les expéditions par la voie en fer coûteront moins que la remonte sur le fleuve ; et si elles doivent moins coûter, c'est que, d'une part, le tarif établi par la Compagnie sera un peu moins élevé que le prix de la remonte; c'est que, de l'autre, le commerce épargnera les avaries, les assurances, les pertes d'intérêt ; toutes charges qui sont inséparables des transports sur la Seine, et qui ne sont pas moindres de 8 fr. 70 c. pour les sucres, de 13 f. 60 c. pour les cafés et les cotons, de 5 f. 70 c. pour les esprits, de 3 fr. 97 c. pour les vins, et de 3 f. 80 c. pour les métaux.

Voilà, pour terminer, dans quel état d'instruction la grande affaire du chemin de fer de Paris à la mer se présente au jugement du ministère et des Chambres. On doit commencer à comprendre comment il se fait que la Compagnie de la *vallée* ait opposé tant de persévérance aux difficultés de tous genres qu'elle a rencontrées. Ce qui ne s'expliquerait pas aussi bien, ce serait qu'avec tant et de pareilles garanties de succès, le succès vînt à lui manquer.

ISOARD,

ANCIEN CHEF DE DIVISION AU MINISTÈRE DU COMMERCE.

IMPRIMERIE DE MOREAU ET BRUNEAU, RUE MONTMARTRE, N° 59.